·家庭经典厨艺·

家常菜

目录

猪、牛肉类

鱼、海鲜类

蛋、青菜类

鸡肉类

糖醋排骨

材料

A料：猪小排500克、红糖醋汁1杯、青椒1个、罐头凤梨片3片

B料：酒1匙半、酱油1大匙、糖1茶匙

C料：太白粉1/4杯、地瓜粉1/2杯

作法

1. 猪小排切寸块，以B料腌渍大约15分钟。
2. 腌好的肉料沾上调匀的C料。
3. 青椒切块，凤梨片切1/4小块。
4. 3杯油入锅将排骨肉炸至酥黄，捞出。
5. 炒锅入油菜大匙，将青椒略炒，再入凤梨片、红糖醋汁与排骨拌匀，即可。

茶汁炖三宝

材料

A 料：乌龙茶汁 8 杯、猪脚 300 克

B 料：盐 1 茶匙、味素少许、酒 1 大匙

作法

1. 猪脚切寸块，以滚水氽烫捞出再洗净。
2. 炖盅放入猪脚及乌龙茶汁，入蒸锅蒸 1 小时。
3. 再加入 B 料调味续焖 1 0 分钟即可。

封肉

材料

A 料：五花肉750克、大蒜10粒

B 料：酱油4大匙

C 料：酒1大匙、酱油1杯、糖2大匙、肉汤4杯

作法

1. 五花肉整块氽烫过，去除血水，再放入清水中煮20分钟至熟。
2. 将煮熟的整大块肉在肉皮部分切四方块刀口。
3. 切好的大块肉用B料浸泡10分钟，使均匀沾上酱油，再放入热油中炸上色捞出。
4. 另用2大匙油爆香大蒜后，将肉放锅内，加C料烧开后，改小火烧1小时，待肉完全酥软透烂时，熄火盛出即可食用。

香酥排骨

材料

A料：猪小排500克、地瓜粉1/2杯

B料：酱油3大匙、酒2大匙、糖1小匙、五香粉1/4小匙、太白粉2大匙

作法

1. 猪小排洗净、切寸块，以调味料B腌约30分钟，使其入味。
2. 锅中入油，将腌好的猪小排逐一沾上地瓜粉，待油热，放入锅中炸酥黄，捞出即可。

蒜味猪脚

材料

A料：猪后脚1双、葱5根、蒜头3/4杯、姜50克、香菜少许、卤包1包

B料：酒3/4杯、糖2大匙、味素1匙半、酱油1杯半、清水10杯

作法

1. 将猪脚毛清除干净，切成1寸半大小，洗净，烧锅水，将猪脚倒入水中，烫2-3分钟，再全部捞出，洗净沥干。
2. 葱切段、蒜头去膜、老姜拍碎，以油分别炸过。
3. 将所有A料（除香菜外）及B料全部放入砂锅之中，用大火煮滚后，改小火慢煮约1小时，待猪脚皮软烂时，便可盛于盘面，撒上香菜。

炒细粉

材料

A料：猪绞肉200克、冬粉5束、木耳2朵、葱2根

B料：麻油2大匙、豆瓣酱2大匙

C料：酱油2大匙、高汤3杯、盐1/2小匙、味素1/2小匙、麻油2大匙

作法

1. 猪绞肉（夹心肉）绞碎备用。
2. 冬粉以水浸泡略湿，切段。
3. 葱、木耳切末。
4. 炒锅入油3大匙，炒香猪肉及豆瓣酱，将木耳及C料倒入煮滚，再放冬粉炒至汤料收干，最后撒上葱末，淋上麻油即成。

五彩香肠丁

材料

A料：小香肠10条、熟豌豆仁50克、香菇3朵、虾仁250克

B料：酒1大匙、盐1/4小匙、糖1/2小匙、酱油1大匙、胡椒粉1/4小匙

作法

1．香菇泡软，与香肠、熟荀分别切丁。

2．虾仁剔除泥肠，以盐抓洗干净，沥干水分。

3．炒锅入油2大匙炒香香菇丁，并放入所有材料炒至虾仁熟，入B料炒匀，盛盘。

卤大肠

材料

A 料：猪大肠 1500 克、葱 5 支、蒜头 10 粒、老姜 1 块、卤包 1 份

B 料：酒 1/2 杯、糖 1 大匙、酱油 1 杯、味素 1/2 大匙、麻油 1 大匙、清水 8 杯

作法

1. 大肠翻洗干净，以滚水烫约 1–2 分钟，捞出再洗净。
2. 葱切段，蒜头拍碎，老姜略拍，入锅以 3 大匙油爆香。
3. B 料、卤包一并入锅，再入大肠用大火煮滚，改小火慢烧约 40–60 分钟，待大肠熟软，取出切小块、排盘。
4. 可淋点麻油及卤的汤汁，也可撒上嫩姜丝。

梅菜扣肉

材料

A 料：五花肉1000克、梅干菜 2 粒

B 料：葱 2 根、姜 1 块、辣椒 1 根、酱油约1/2杯、冰糖 1 匙半、酒 1 茶匙

作法

1. 五花肉先以热水汤过捞起，再以冷水冲凉后擦干，抹上 1 茶匙的盐，放入油锅内炸至金黄色后捞起，切大薄片，整齐的平铺在汤碗底部。
2. 梅干菜净后，捏干水分，切碎。
3. 锅中热油 3 大匙，放入切好的葱段、姜、辣椒爆香后，再放入梅干菜炒香，加入酒、酱油、冰糖及少许水焖煮一下后，盛起铺在肉上。
4. 将肉放入蒸笼内蒸约 2 小时，食用时将肉倒扣在盘内即可。

回锅肉

材料

A 料：熟五花肉 1 块（约 750 克）、蒜苗 3 根、辣椒 1 根、酒1/4茶匙、麻油1/4茶匙

B 料：豆瓣酱 1 大匙、甜面酱 1 大匙、糖 1 茶匙、酱油 1 茶匙

作法

1. 五花肉切薄片。
2. 蒜苗切斜、辣椒切斜片；B 料放小碗内调匀。
3. 锅中热油2大匙，放入五花肉炒香，加入 B 料拌炒均匀后，将蒜苗、辣椒加入拌炒，淋上酒，炒至蒜苗熟且发出香味即可，起锅前淋上麻油。

糖醋里肌

材料

A 料：里肌肉750克、青椒1个、洋葱1/2个、大蒜2粒、凤梨片2片、酱油1匙半、蛋黄1粒、太白粉1大匙、面粉2大匙

B 料：番茄酱2大匙、白醋1大匙、糖1大匙、麻油1/4茶匙、盐1/4茶匙、酒1茶匙

作法

1. 里肌肉切粗条，以酱油、太白粉、蛋黄拌匀后，加入面粉拌匀。
2. 锅中热油1杯，放入肉条，炸至金黄色后捞起。
3. 凤梨切四分片，洋葱切丝，青椒切片，大蒜去皮、剁碎。
4. 锅中留油1大匙，爆香蒜末，放入洋葱丝炒软后，加入B料调味，并加入凤梨片、青椒片拌炒均匀后，放入炸好的里肌肉拌匀。

香菇元蹄

材料

A料：猪脚1双、香菇数朵

B料：葱2根、姜1块、桂皮1片、八角2粒、酒1大匙、酱油1/2杯、冰糖1大匙、麻油1茶匙

作法

1. 猪脚剁成小块，洗净后以热水汤过。
2. 葱斜切段，姜切大块拍松，香菇以水泡软、去蒂。
3. 锅中热油2大匙，放入葱、姜爆香，再加入香菇炒香后，倒入猪脚拌炒，并加入所有材料，煮至猪脚入色后，加水淹盖过猪脚，先以大火煮滚后，改小火焖煮约1小时。

滑蛋牛肉

材料

A料：牛里肌肉500克、鸡蛋4个

B料：酱油1茶匙、太白粉1茶匙、麻油1/4茶匙、盐1/4茶匙、葱花1大匙

作法

1. 里肌肉切大薄片，加入酱油、太白粉拌匀后，再拌入麻油。
2. 锅中热油3大匙，放入牛肉快速炒至七分熟盛起。
3. 鸡蛋放在碗内，加上1大匙水及盐，加入炒好的牛肉搅拌均匀。
4. 锅中热油3大匙，火力不要太热，否则很容易焦掉，快速倒入拌好的鸡蛋，搅拌至蛋熟即可，盛起时淋上葱花。

空心菜牛肉丝

材料

A料：空心菜约600克、牛肉约400克、大蒜2粒、辣椒1根

B料：酱油1大匙、太白粉1茶匙、酒1茶匙、麻油1/4茶匙

作法

1. 牛肉切丝，以酱油、太白粉拌匀后，调入1大匙油拌匀。
2. 空心菜摘除叶子留梗、切小段，大蒜拍碎、去皮，辣椒切片。
3. 锅中热油3大匙，倒入牛肉丝拌炒，见肉丝分离即可将肉丝盛起。
4. 锅中剩约1大匙油，爆香蒜末，放入空心菜梗，爆炒数下，加入牛肉、酒拌炒至肉熟即可，不可炒太久，否则牛肉会老掉，就不好吃了。
5. 起锅前放上辣椒片，并淋上麻油。

红烧牛腩

材料

A 料：牛腩1000克、白萝卜1棵约800克

B 料：葱2根、姜1块、牛肉卤味包1包、酒1大匙、冰糖1大匙、盐1茶匙、麻油适量

作法

1. 牛腩洗净、切块，放入滚水内汆汤后捞起，以冷水冲凉。
2. 锅中热油2大匙，放入切好的葱、姜爆香后，放入牛肉炒香，加入酒、酱油、冰糖，拌匀后加入卤味包及水淹盖至牛肉，煮至滚后，改小火焖煮约40分钟。
3. 白萝卜去皮、切滚刀块，加入煮好之牛肉内，再焖煮约10分钟加入盐调味，起锅前淋上少许麻油，喜欢吃香菜者可在上碟后加入香菜。

酸菜肉丝

材料

A料：酸菜数叶、里肌肉750克、姜1块、辣椒1根、酱油1茶匙、糖1大匙、酒1/2茶匙、麻油1/4茶匙

B料：酱油1茶匙、太白粉1茶匙

作法

1. 里肌肉切丝后，拌入B料。
2. 酸菜切细丝，以水浸泡约30分钟后，捏干水分，并以干煸炒至干;姜、辣椒切细丝。
3. 锅中热油3大匙，放入拌好的里肌肉丝，拌炒至肉丝分离后，将肉丝盛出。
4. 锅中留油2大匙，放入辣椒丝爆香，再放入酸菜丝，并加入酒、酱油、糖，以小火不停翻炒，炒至入味，再加入炒过的肉丝拌炒，起锅前放入姜丝及麻油。

焖萝卜丝

材料

A 料：萝卜1棵约1000克、里肌肉300克

B 料：酱油2大匙、太白粉1茶匙、麻油1/4茶匙

作法

1. 里肌肉切细丝，拌入1大匙酱油及太白粉。
2. 萝卜去皮、切细丝。
3. 锅中放油2大匙，烧热后倒入里肌肉，拌炒至肉丝分离即盛起。
4. 切好的萝卜丝放入炒锅内，加上1大匙酱油，拌炒均匀后，加盖，以小火焖煮至萝卜熟后，加入炒好的肉，并淋上麻油拌匀即可。

金镶辣椒

材料

A料：长条型青椒4根、绞肉300克、虾仁100克、虾米1大匙

B料：葱1根、盐1／2茶匙、酱油1大匙、酱油1大匙、糖1茶匙

作法

1. 青椒洗净，切去蒂头部分，以竹筷子将青椒内之子全部挖除干净。
2. 虾米以水泡软。
3. 绞肉、虾仁、虾米、葱混合剁成泥状，加入盐拌匀成肉馅。
4. 将肉馅填入青椒内塞紧。
5. 锅中热油2大匙，放入镶好的青椒，煎至两面稍黄，加入酱油、糖及3大匙水，以小火稍焖约5分钟，翻面，再烧约2分钟即可。

椒盐排骨

材料

A 料：排骨500克、生菜叶数片

B 料：咖哩粉1/2茶匙、酱油3大匙、砂糖1大匙、味素1/2茶匙、麻油1匙半、绍兴酒2大匙、水2大匙

C 料：盐1大匙、花椒粉2大匙

作法

1. 猪排骨洗净切寸块，以B料腌7小时使其入味。
2. 以干锅将盐略炒一下，熄火倒入花椒粉拌匀，即为花椒盐。
3. 3杯炸油入锅烧至8分热，将腌好的猪排骨放入，炸约2分钟捞出。
4. 再重新将油烧热，用大火将肉再炸过，待肉熟捞出沥油。
5. 生菜叶洗净、擦干，垫于盘面上，将炸好的排骨逐一排上，食用时沾上花椒盐食用即可。

炒双腰

材料

A 料：猪腰1副、鸡腰200克、老姜1/4片、小黄瓜1条、黑木耳两片、红辣椒1条

B 料：酱油2大匙、酒2大匙、糖1/2大匙、蚝油1/2大匙、水1/2杯

作法

1. 猪腰切开，去除内部白筋，于表面切花后再斜切片，再泡水至水呈清澈捞起。
2. 将猪腰氽烫捞出，鸡腰洗净，以滚水烫熟。
3. 黑木耳切片，小黄瓜、老姜亦切片，红辣椒斜切片，备用。
4. 炒锅入油3大匙，炒香老姜片后，放入B料煮滚，将鸡腰，猪腰、小黄瓜、黑木耳以大火煮滚1分钟，即可。

炸茄盒

材料

A 料：茄子1个

B 料：猪绞肉250克、香菜末少许、酱油1匙半、麻油2茶匙、酒1大匙、胡椒粉1/2茶匙

C 料：低筋面粉1杯、太白粉2大匙、沙拉油1大匙、高汤1杯、盐1/2茶匙、味素1/4茶匙

作法

1. 茄子切成夹心状，以水盖过，并加入1大匙的盐浸泡，使用时再沥干水分。
2. B料仔细拌匀成肉馅料，C料拌匀成面糊料。
3. 每个茄子夹上1大匙的馅料。
4. 锅入油1/2杯，约七分热时将茄肉沾上面糊料，逐一入锅，炸到金黄色即可捞出，排盘。
5. 食用时沾上椒盐、番茄酱，即可。

豆腐镶肉

材料

A料：油豆腐10块、青江菜10棵

B料：猪绞肉600克、酱油1匙半、水1大匙、酒2茶匙、胡椒粉1茶匙

C料：高汤1杯、盐1/2茶匙、味素少许、麻油少许

D料：太白粉2茶匙、水1大匙

作法

1. 油豆腐洗净，沥干水分，于豆腐内侧撒点太白粉。
2. B料拌匀成馅料，将每个油豆腐填上肉馅，入蒸锅蒸熟。
3. 青江菜取嫩叶洗净，以滚水氽烫取出，排盘。
4. 蒸熟的豆腐肉排于青江菜上。
5. 将剩除的汤汁加C料煮滚，再以D料勾芡，淋于所有料上，即可。

红丝牛肉

材料

A 料：牛肉250克、香菇5朵、葱2根、金菇1盒、红辣椒4条、油1杯

B 料：油1大匙、太白粉2大匙、糖1/2茶匙

C 料：沙茶酱1大匙、酱油1大匙

作法

1. 牛肉切片，香菇泡软、切丝，红辣椒切丝，葱切段，沙茶酱与酱油调成味汁。
2. 牛肉以腌料腌泡10分钟，然后放进香菇、金菇包卷。
3. 起油锅，将牛肉卷放进锅中炸，至熟，捞起、沥干余油。
4. 以1大匙油起油锅，放入沙茶调味汁与牛肉卷、红辣椒丝，以小火煮滚。
5. 最后，撒下葱段，熄火焖15秒左右，起锅。

汤浸肉片

材料

A料：羊肉薄片250克、葱花1大匙、青蒜苗2根、高汤2碗

B料：麻辣温油2大匙、盐1茶匙

作法

1. 青蒜苗斜切成末。
2. 麻辣温油倒入高汤中，加盐，煮滚。
3. 将炉火转为大火，让麻辣汤大滚，迅速将羊肉薄片放入汤中，并且立即熄火，让羊肉薄片在汤中浸泡至熟与入味，然后捞起，放入盘中。
4. 最后撒上葱花、青蒜苗，淋上3大匙麻辣汤，可立即食用。

麻婆豆腐

材料

A 料：豆腐3块、猪绞肉200克、姜末1茶匙、辣豆瓣酱1匙半、葱末3大匙、麻油2大匙

B 料：酱油2大匙、花椒粉1茶匙、番茄酱1大匙、高汤1/2杯、麻油2大匙

C 料：太白粉1/2大匙、水1匙半

作法

1. 豆腐切丁，以滚水氽烫，捞起。
2. B料调匀，备用。
3. 炒锅入油2大匙，炒香姜末、猪绞肉及辣豆瓣酱。
4. 将豆腐丁及B料倒入锅中，同煮至汤汁稍干，再以C料勾芡后，盛盘。
5. 最后撒上葱末，淋上麻油，即可。

味噌烤带鱼

材料

A 料:银鱼1尾、葱2支、姜3片、熟白芝麻少许

B 料:味噌1杯、酱油3大匙、糖3大匙、酒2大匙、鲣鱼粉2大匙

作法

1.银鱼切除鱼头及鱼尾，洗净;葱切段，备用。

2.将B料拌匀即成味噌酱。

3.将银鱼切7-8公分长段，与葱段、姜片及味噌酱料拌匀，腌2-3小时使其入味。

4.将烤箱预温（下火150℃，上火220℃），银鱼置于烤盘上，烤至鱼熟取上熟白芝麻，即可。

泥鳅烧豆瓣

材料

A料:泥鳅500克、紫稣4棵、大蒜3粒、葱2支

B料:酒1大匙、黄豆瓣2大匙、味噌1大匙、酱油1大匙、糖1大匙、清水1杯

作法

1. 泥鳅放在深盆内,淋入1大匙酒,使泥鳅因吸收酒气而昏迷。
2. 将泥鳅放入热油中炸上色捞出。
3. 另用2大匙油炒切碎的大蒜、葱段及辣椒,再放入炸黄的泥鳅,加入B料及紫稣,烧开后改小火烧入味。
4. 烧至汤汁将收干时拣除紫稣,盛出即可。

黄豆鼓蒸鱼头

材料

A料:鲢鱼头1个、姜2片、大蒜3粒、青蒜1支

B料:酒1大匙、酱油3大匙

C料:酒1大匙、糖1大匙、胡椒粉少许、黄豆酱3大匙、味噌1大匙

作法

1. 鲢鱼头洗净，对半剖开，抹干水分，加1料略腌后，用5大匙油煎黄盛出。
2. 姜、蒜切碎，加入2料炒匀盛出。将煎好的鱼头放蒸盘内，并浇上炒好的酱料。青蒜切细丝备用。
3. 移入电锅或蒸笼，中火蒸15分钟，取出后撒下青蒜丝即成。

蒜子黄鱼

材料

A料：黄鱼1条

B料：大蒜约20小粒、姜数片、盐1茶匙、糖1茶匙、酒1茶匙、酱油1匙半、麻油1/4茶匙

作法

1. 鱼去鳞，并将内脏抽除，洗净擦干后，在背部斜划数刀，抹上盐。
2. 大蒜去头蒂，剥除外皮。
3. 锅中热油3大匙，放下鱼煎至两面稍呈金黄色，放入蒜、糖炒香，淋上酒、酱油，并放入姜片、水（约1杯），以小火焖煮约5分钟，翻面再煮3分钟，起锅前淋上麻油。

葱焖虾

材料

A 料:草虾 10 只

B 料:葱约 7–8 根、姜数片、酱油 1 大匙、糖 1 茶匙、酒 1 茶匙、盐 1/3 茶匙、麻油 1/4 茶匙

作法

1. 用刀将虾头端至眼睛部分切除，并抽除肠泥、洗净。
2. 葱洗净，先将绿色部分切除约 1/2，再将剩余部分切约 3 公分小段。
3. 锅中热油 2 大匙，放入葱段、姜片炒香后，加入是拌炒，并放入酒、糖、酱油，加少许水焖煮约 5 分钟至熟，再加盐调味，淋上麻油即可。

酥炸小虾排

材料

A料：箭虾600克

B料：盐1/2茶匙、胡椒粉1/4茶匙、太白粉1大匙、蛋白1个、面包粉1/2杯

作法

1. 箭虾洗净、抽除肠泥，除去头、壳，留尾，再由腹部以刀剖开，摊平。
2. 虾以盐、胡椒粉、太白粉腌约30分钟。
3. 虾先沾上蛋白，再沾裹上面包粉摊平。
4. 锅中烧热炸油，放入沾好面包粉的虾子，炸至金黄色即可。

糖醋鲜贝

材料

A料：鲜贝600克、小黄瓜2根、葱1根、姜1小块、大蒜2粒、辣椒1根、太白粉1大匙

B料：番茄酱2大匙、糖1大匙、醋1大匙、麻油1/4茶匙、太白粉1茶匙

作法

1. 鲜贝加太白粉拌匀B料调匀备用。
2. 葱切葱花，大蒜去皮、剁碎，姜剁碎，辣椒去子、剁碎，小黄瓜切滚刀块备用。
3. 锅中烧热油3大匙，放入鲜贝，快炒后捞起滤干。
4. 锅中留油1大匙，爆香葱、姜、蒜、辣椒后，放入小黄瓜，快速拌炒，加入B料，并将炒好之鲜贝放入，拌炒数下即可。

姜焖螃蟹

材料

A料：螃蟹2只

B料：姜1块约20克、酒1大匙、酱油1大匙、麻油1/4茶匙

作法

1. 螃蟹去鳃及砂囊。
2. 将洗净的螃蟹剁成小块，姜剁细末。
3. 锅中热油2大匙，爆香姜末，放入蟹块拌炒，淋上酒、酱油，加少许水焖煮约5分钟，掀盖，拌炒数下，淋上麻油即可。

清蒸鲜鱼

材料

A料:鲜鱼1尾750克
B料:葱2根、姜3片、酒1匙半大匙、盐1/2茶匙
C料:鱼露2大匙、酱油2大匙、味素1/4茶匙、水1/2杯、糖1匙半、胡椒粉1/2茶匙
D料:麻油3大匙、沙拉油2大匙
E料:葱丝1/2杯、姜丝1/4杯、红辣椒丝1/4杯

作法

1. 鱼去鳞及肠肚，洗净，以A料腌7-8分钟。
2. 蒸锅入水煮滚，将腌好的鱼包上保鲜膜后，排于蒸锅内以大火蒸10分钟取出。
3. B料切妥，先浸泡于冷水之中去除生味，取出沥干水分，铺于蒸好的鱼料上，D料加热淋于葱料上。
4. C料调匀倒于原锅之中煮开，淋于鱼面上，即可。

韭黄小炒

材料

A料：鱿鱼1尾、韭黄200克、胡萝卜1根、蒜头5粒、麻油3大匙

B料：蚝油2大匙、糖2茶匙、乌醋1匙半、酒1大匙、水1/4杯

作法

1. 鱿鱼洗净，泡水20–30分钟，取出剪成条状。
2. 韭黄洗净切段、蒜头切片、红萝卜切细丝。
3. 炒锅另入麻油3大匙，炒香蒜片。
4. 鱿鱼入锅快速翻炒，至鱿鱼卷起。
5. 韭黄、红萝卜丝及B料接着入锅，快速翻炒拌匀，淋上少许麻油，即可。

香辣烤虾

材料

A料：草虾12尾、盐1/2大匙

B料：白胡椒粉2大匙、盐1大匙、辣椒粉1茶匙、花椒粉1/2茶匙、糖1茶匙、米酒2大匙

作法

1. 虾洗净，去除肠泥。
2. 将胡椒粉、花椒粉、酒等全部辣椒均匀混合。
3. 将辣椒粉均匀涂在虾身上，放入锅中，再撒上1/2大匙盐。
4. 以中火烤10–15分钟，让虾入味，即可香辣上桌。

干烧辣鱼

材料

A 料：鲜鱼500克、红辣椒2个、姜末1大匙、玉米粉酌量、盐2大匙、青辣椒2个、朝天椒4个、大蒜末1大匙、油1杯半

B 料：酱油1大匙、香油1/2茶匙

作法

1. 鱼用盐腌10分钟后，沾玉米粉备用，青辣椒、红辣椒、朝天椒切圈。
2. 以中火将油烧热，然后将鱼放入热油中泡熟，盛起、沥干。
3. 起油锅，爆香青辣椒、红辣椒、朝天椒、姜末、大蒜末。然后将鱼放进锅中，加酱油煎1分钟。
4. 最后淋上香油，即可起锅。

炒田鸡

材料

A料:田鸡4只、姜3片、葱2支、大蒜4粒、紫酥3棵、辣椒1支

B料:酒1大匙、酱油1/2大匙、太白粉1/2大匙

C料:酒1大匙、酱油1大匙、盐1/4茶匙、糖1/2大匙、醋1茶匙、胡椒粉少许、太白粉水1/2大匙

作法

1. 田鸡洗净,切下四肢腿肉,葱切小段,姜、蒜、辣椒切小片,紫稣洗净、摘除硬梗。
2. 将田鸡拌入B料略腌,20分钟后过油捞出。
3. 另用2大匙油炒葱、姜、蒜、辣椒,再放入田鸡同炒,加C料调味,接着放紫稣,炒匀即盛出。

青椒双果丁

材料

A 料:白果1罐、青椒2个、蒜末1大匙、红辣椒1匙、腰果200克

B 料:盐1茶匙、水2杯

C 料:鲣鱼粉1匙半、胡椒粉1/2茶匙、麻油1大匙

作法

1. 白果开罐倒出汤汁,白果以滚水氽烫1分钟捞出,沥干水分。
2. 腰果以B料泡10分钟后,再以中火煮10分钟,随即捞出,沥干水分再摊开待凉,备用。
3. 青椒切小块,蒜末、红辣椒切末。
4. 炒锅入油2大匙,炒香蒜末、青椒、红辣椒末,再入白果、腰果,以C料调味,淋上麻油,即可。

素拌四季豆

材料

A 料:四季豆 250 克、红辣椒 2 个、素肉酱料 4 大匙、炸油 3 杯

B 料:香菇 8 朵、菜松 1/2 杯、姜末 1 大匙、菜脯 1/2 杯

C 料:酱油 1/2 杯、糖 2 大匙、水 2 杯、五香粉 1/2 茶匙、胡椒粉 1 茶匙

作法

1. 香菇泡软，切细末，菜脯切细末。
2. 炒锅入油3大匙炒香姜末、香菇末及菜脯。
3. C 料拌匀，放入所有料之中煮滚后，改小火煮到浓稠状，入菜松拌匀即成素肉酱。
4. 四季豆洗净，对切 1/2 条，红辣椒切末。
5. 锅中入炸油3杯，四季豆入油锅炸至软，捞出沥油。
6. 四季豆与素肉酱拌匀，撒上辣椒末即可。

菜心粉丝

材料

A料：大白菜半棵、豆腐皮1张、粉丝1束

B料：太白粉1大匙、海盐水少许、胡椒粉少许、橄榄油少许、白酱油1茶匙、香油1/4茶匙、姜2片

作法

1. 大白菜洗净，用手折成一片片，豆腐皮切成12小方块。
2. 粉丝烫泡，切四段。
3. 锅中放一杯水，放入姜片、豆腐皮水炒淋入少许橄榄油，随即放入大白菜、撒胡椒粉、淋海盐水拌炒，盖上锅盖焖烧半分钟后，再加入粉丝同炒1分钟。
4. 太白粉加水入锅中勾芡，关火，淋上白酱油与香油拌好盛盘。

三色咖哩

材料

A料:马铃薯2个、红萝卜1条

B料:毛豆100克、洋葱1小块

C料:太白粉适量

D料:咖哩粉2大匙、冰糖水1/2茶匙、胡椒粉适量、月桂叶2片

作法

1. 将A材料洗净削皮，切块;洋葱切丁。
2. 毛豆泡水30分钟以上，放入开水中煮3分钟捞起、去皮。
3. 锅里放2大匙水先炒香洋葱，放入咖哩粉，材料A及D料，加入水2杯，煮开后转小火至汤汁剩下少许时，将毛豆放入拌炒一下，再用太白粉勾芡即可。

香栗莲菇

材料

A 料:冬瓜750克、姜2片、香菇6朵、板栗12个、莲子20个、香油1/4茶匙

B 料:黑豆酱油3大匙、冰糖水1/4茶匙、胡椒粉少许

作法

1. 冬瓜去皮、切块;板栗及莲子泡水30分钟以上;香菇泡水至软，泡香菇水要留。
2. 锅中放水3杯，与泡香菇水煮开，加姜片与香菇稍煮，依序加入B料、板栗及莲子共煮，水开后转小火焖煮15分钟。
3. 最后加入冬瓜续煮10分钟，见汤汁只剩下一点时即可关火，淋上香油上桌。

鼓汁豆腐

材料

A 料:嫩豆腐1块、糖水1/4茶匙、胡椒粉少许

B 料:毛豆100克、蒜苗2根、红辣椒2根

C 料:香油1/2茶匙

D 料:黑豆酱油2大匙、冰糖水少许、黑胡椒粉少许

作法

1. 毛豆泡水半小时,放入滚烫水中3分钟,捞起泡冷水、去掉毛豆皮。
2. 豆腐、蒜苗及红辣椒切丁;豆豉泡水洗净切碎。
3. 碗中放D料拌入A料,放入电锅中蒸(若使用蒸笼,须等水烧开后再放入15分钟,关火),开关跳起后焖15分钟,趁热将B料拌入,稍焖2分钟,取出淋上香油即可上桌。

糖醋黄瓜卷

材料

A料：小黄瓜2条、辣椒1根、姜1块

B料：香油1茶匙、糖2茶匙、盐少许、白醋2大匙、冷开水2大匙

作法

1. 小黄瓜洗净，切长段状，用1/2茶匙盐略腌软后，洗去盐水。辣椒去籽，切长丝；姜去皮，切丝备用。
2. 每段小黄瓜用刀自外向内如削水果皮般削成连续长薄片，削至瓜瓤处停刀。
3. 将姜丝及红辣椒丝放入小黄瓜条中，包卷成圆条状后，放置于大碗内，加入全部调味料略腌20分钟后取出，切小段，排入盘中，淋上腌汁即可食用。

凉拌四季豆

材料

A料：四季豆300克、蒜头3个、辣椒1个

B料：香油1/2茶匙、味素1/4茶匙、辣油1/4茶匙、盐1/2茶匙

作法

1. 蒜头去膜后切末，辣椒去籽、切丝。
2. 水半锅烧开，放入洗净并摘除两旁蒂头的四季豆汆烫一下，捞起，待冷后切段。
3. 将蒜末、辣椒丝、四季豆及调味料拌匀，浸腌约3–4分钟，待其入味即可。

雪菜炒肉末

材料

A 料:猪绞肉100克、雪里红、辣椒1支

B 料:香油1茶匙、糖少许、盐1/4茶匙、味精少许、胡椒粉少许、水1大匙

作法

1. 将雪里红洗净，切末，辣椒去籽、切小块。
2. 锅中放入1大匙油、开小火，先放入绞肉爆香，再放入雪里红和辣椒片及B料拌炒，约2分钟后起锅，盛入盘中即可食用。

醋香高丽

材料

A料:高丽菜500克、香菇5朵、红辣椒1根、蒜头3粒

B料:盐1茶匙、味素1/2茶匙、乌醋1匙半

作法

1. 高丽菜洗净,撕成片状。
2. 香菇泡软,切丝或条状;红辣椒斜切;蒜头拍碎。
3. 炒锅入猪油3大匙炒香蒜头、香菇、红辣椒,再入高丽菜快速翻炒。
4. 最后以盐、味素、乌醋调味,即可。

开阳白菜

材料

A 料:大白菜约800克、虾米2大匙

B 料:大蒜3粒、盐1茶匙、太白粉1大匙

作法

1. 虾米洗净,以水泡软;大蒜去皮、剁碎;太白粉以1大匙水调匀。
2. 白菜洗净,以刀斜切大块。
3. 锅中热油2大匙,爆香大蒜、虾米,再放入白菜焖煮至焖,以盐调味后,加调水的太白粉勾芡即可。

凉拌茄子

材料

A料:茄子3根、大蒜数粒

B料:酱油2大匙、糖1大匙、白醋1大匙、麻油少许

作法

1. 茄子去蒂洗净，每根切成两段，再剖开成两半。
2. 切好的茄子摆在盘上，放入蒸笼内蒸约15分钟至软透，取出待凉，撕长条状，凉后可放入冰箱冷藏。
3. 大蒜去皮，剁成末或是捣成泥，拌入B料，拌匀后淋在茄子上，若有炒熟的白芝麻，可洒上1茶匙，则味道更香，喜欢吃辣味者，可加上少许辣椒末。

扁鱼白菜

材料

A 料:扁鱼2个、香菇5朵、大白菜1个、香菜少许

B 料:酱油2大匙、味素1小匙、盐1小匙、麻油少许

C 料:太白粉3大匙、水2杯

作法

1. 香菇以水泡软，挤去水分切片状。
2. 大白菜切开、洗净，撕成块状。
3. 锅入油加热后，将扁鱼炸酥，取出。
4. 锅中留油3-4大匙，炒香菇，再放入大白菜炒至熟软后，加入扁鱼和B料，再将拌匀的C料倒入勾芡。
5. 将作法4装入炖锅内，待蒸锅水开，将炖锅移入蒸锅，蒸约25-30分钟后取出，撒点香菜末。

鱼香茄子

材料

A料：茄子3条、蒜头3粒、九层塔50克、炸油3杯、姜1块、葱1根、猪肉末200克

B料：酱油1大匙、糖1小匙、盐1/4匙、味素少许

C料：豆瓣酱1大匙、酱油1/2大匙、糖1/2大匙、醋1/2大匙、麻油1大匙

作法

1. 茄子切成长条，立即以盐水浸泡后，捞出沥干水；蒜头切细末；九层塔取嫩叶，洗净备用。
2. 炸油入锅加热，放入茄子炸软，捞出。锅中留油3大匙，炒香蒜末后，再放入炸好的茄子及所有B料，以小火焖入味，最后加入九层塔炒匀，盛出沥干汤汁备用。
3. 锅中入油3大匙，炒香猪肉末，再入葱末、蒜末、姜末炒香，最后加入茄子及C料炒匀，即可。

蛋焗豆腐

材料

A 料：蛋4个、嫩豆腐1块、虾仁150克、洋菇数粒、火腿2片、高汤2杯

B 料：盐1小匙半、胡椒粉1/2小匙

作法

1. 虾仁抽去肠泥，用少许盐抓洗，沥干水分。
2. 豆腐切小丁；火腿片切小丁；洋菇放入加有盐的滚水中汆烫，取出，切片。
3. 蛋打散，与高汤、B料拌匀，再加入虾仁、豆腐丁、火腿丁及洋菇片略微搅拌，倒入烤盘中，移入烤箱，以180℃烤15分钟，至蛋凝固即可。

肉末焗蛋

材料

A料：蛋4个、猪绞肉250克、胡萝卜末2大匙、芹菜末2大匙、高汤2杯

B料：盐1小匙、胡椒粉1/2小匙

作法

1. 蛋打散，与绞肉、胡萝卜末、芹菜末及B料先拌匀，再加入高汤搅拌，倒入长方形烤盒中。
2. 烤箱先以200℃预热10分钟后，将烤盒移入，烤约17分钟，至蛋凝固即可取出食用。

绍子烘蛋

材料

A料：蛋6个、猪绞肉200克、木耳2朵、榨菜丝2大匙、金针末2大匙、葱末1大匙、高汤1/2杯

B料：盐少许、太白粉1小匙

C料：盐1/2小匙、胡椒粉、麻油各少许

作法

1. 木耳洗净，切丝备用，蛋打散，加B料拌匀后打松，再与绞肉、木耳丝、榨菜丝、金针末各1大匙混合均匀。
2. 平底锅中放油5大匙烧热，倒入蛋液，先以大火烘1分钟，再改小火烘3分钟，待蛋全部胀高后，翻面，两面皆成金黄色时，即可盛出。
3. 用煎蛋剩下的油，先炒散剩下的绞肉，再放入剩除的木耳、榨菜、金针，与葱花同炒，倒入高汤煮开，加入C料调味，并以少许太白粉水勾芡，即可盛出，淋于蛋片上。

鱼香烘蛋

材料

A 料:蛋6个、水2大匙、葱末、姜末蒜末各1大匙、辣豆瓣酱1大匙、酒1大匙

B 料:酱油1大匙、水1/2杯、麻油1大匙

C 料:太白粉1小匙、水1大匙

作法

1. 蛋打散，加入水2大匙充分拌打均匀。
2. 取一平底锅烧热，加入4大匙油，将蛋汁倒入，先以大火烘3分钟，上锅盖，待颜色变成浅黄时翻面，续烘至两面皆为金黄色即可盛出于盘上。
3. 另热油锅，加入2大油，将葱、姜、蒜末放入爆香，再沿着锅边把酒倒入后，加入辣豆瓣酱拌炒，并拌入B料，烧开后倒入已调匀的C料勾芡，即可盛出淋在烘好的蛋片上。

绘萝卜

材料

A料：白萝卜1条、虾米3大匙、青蒜1粒

B料：盐1/2茶匙、酱油1大匙、味精少许、太白粉水1大匙、麻油少许

作法

1. 萝卜去皮，切粗大块，先放锅内加水盖过，将萝卜煮熟。
2. 虾米泡软，拣除杂质，煮软的萝卜切小四方块，青蒜切小段。
3. 用2大匙油炒虾米，再放入萝卜和B料焖煮入味，汤汁收干前撒下青蒜，拌匀盛出。

金银蛋苦瓜

材料

A料:苦瓜1/4条、皮蛋1/4个、鸭蛋黄2个

B料:香油少许、糖少许、味精少许

作法

1.苦瓜洗净、切片,皮蛋去壳后切小丁,鸭蛋黄切小块。

2.锅中放入2杯油烧热后,放入苦瓜片,用小火炸约3分钟,再放入皮蛋丁、鸭蛋黄丁炸半分钟,盛出,沥干油分。

3.另取一锅,放入炸好的材料及B料拌炒均匀,即可盛盘食用。

芝麻素脆膳

材料

A 料：干香菇12朵、炒好的白芝麻1/2茶匙、面粉3大匙

B 料：香油1茶匙、酱油1大匙、糖1大匙、味素少许、白醋1大匙、米酒少许、胡椒粉少许、清水3大匙

作法

1. 香菇洗净，用开水泡软后，拿剪刀由外向内剪成长条状，再沾上面粉备用。
2. 油锅烧热，放入香菇小火炸酥后捞出。
3. 另取一锅，放入全部B料，以中火煮至汤汁呈粘稠状后，放入炸好的香菇拌匀，起锅前撒上白芝麻，盛盘即可食用。

草菇炸鸡

材料

A料：嫩鸡1只（约900克）、生菜225克、小草菇1罐375克、虾片或生菜若干

B料：酱油2汤匙、酒1汤匙、糖1茶匙、盐1茶匙

C料：面粉3汤匙、玉米粉4汤匙、油2汤匙、另半锅油、味精少许

作法

1. 嫩鸡洗净，切成3厘米大小方块，加上酒、酱油、糖，腌3小时以上。
2. 放2汤匙玉米粉和面粉拌匀鸡块。烧热半锅油，把鸡块炸成金黄色，放在盘子里。
3. 爆炒小草菇，加盐、味精，以1/4杯水调2汤匙玉米粉勾芡，倒在鸡块上。
4. 最后，在盘边装饰炸好的虾片或生菜。

宫保鸡丁

材料

A料：鸡腿2只、油炸花生米

B料：葱2根、姜4、5片、大蒜2粒、花椒1大匙、干辣椒7–8个、酱油2大匙、太白粉1大匙、糖1茶匙、酒1茶匙、麻油1/4茶匙

作法

1. 鸡腿洗净，去骨、切块。
2. 鸡块以1大匙酱油、太白粉拌匀，放入热油内炸至金黄色后盛起。
3. 锅中留油1大匙，放入花椒，以微小火慢炒至香后将花椒捞出不要，再将切成细末之大蒜、姜、葱和辣椒段放入爆香，加入糖、酒、酱油1大匙，并加入鸡块拌炒至入味后熄火，拌入花生米，起锅前淋上麻油。

三杯鸡

材料

A 料：鸡腿 3 只

B 料：葱 3 根、姜 1 块、麻油 1/2 杯、糖 1 大匙、酒 1/2 杯、酱油 1/2 杯

作法

1. 鸡腿洗净、剁块。
2. 姜切块后稍拍，葱切段。
3. 锅中倒入麻油，爆香葱、姜，再放入糖炒匀后，放入鸡块，炒至肉块变白，倒入酒，再倒入酱油，焖煮至汤汁收干即可。

栗子鸡

材料

A料：鸡1只、栗子1杯

B料：葱2根、姜1块、酒1大匙、盐1大匙、酱油2大匙、糖1大匙、太白粉1茶匙

作法

1. 鸡洗净，擦干水分，加上葱、姜、酒、盐腌约20分钟后，放入蒸笼蒸约20分钟，待凉切块，沥出之鸡汤留下备用。
2. 栗子以水浸泡约2小时，沥干水分，放入油锅内稍炸。
3. 鸡块整齐的铺在汤碗内，鸡皮朝下，中间铺平栗子，再倒入酱油、糖及蒸过之鸡汤汁。
4. 太白粉以1大匙水调匀备用。
5. 将鸡放入蒸笼内，蒸约1小时半，倒出汤汁，以调水的太白粉勾芡，鸡肉倒扣在盘内，淋上芡汁即可。

红槽鸡翅

材料

A料：鸡翅8个

B料：红糟2大匙、大蒜3粒、姜1小块 酒1茶匙、盐1茶匙、酱油1茶匙、麻油1茶匙

作法

1. 大蒜去皮、剁碎，姜剁碎。
2. 鸡翅洗净、擦干，以酱油腌约30分钟。
3. 锅中热油2大匙，爆香蒜、姜，随即放入红糟、酒炒香后，放入鸡翅和盐，拌炒均匀，加水约1杯，盖锅，焖煮至鸡肉熟后，淋上麻油即可。

辣子鸡丁

材料

A料：鸡胸肉400克、青椒1粒、红萝卜1/4根、辣椒2根、葱2根、姜数片、太白粉1茶匙、盐1/3茶匙

B料：酱油1茶匙、太白粉1大匙、麻油1/4茶匙

作法

1．鸡胸肉除去外皮及白筋。
2．将鸡肉切四方丁，拌入B料。
3．青椒去籽、切丁，红萝卜切薄片，葱切斜段，辣椒去子、切丁，太白粉以1大匙水调匀。
4．锅中热油3大匙，放入鸡肉炒至肉色变白后立即盛起，留油1大匙，爆香葱、姜放入红萝卜、辣椒、青椒拌炒，再加入鸡肉、盐，并以调水的太白粉勾芡。

溜鸡片

材料

A 料：鸡胸肉400克、黄瓜 2 根

B 料：姜 1 小块、高汤 1/2 杯、盐1/2茶匙、太白粉 2 茶匙、酒 1/3 茶匙

作法

1. 鸡胸肉去皮、去筋、切薄片。
2. 小黄瓜切薄片，姜磨成姜汁约 1 茶匙，太白粉 1 茶匙调 1 大匙水拌匀。
3. 鸡胸肉片拌上盐及姜汁太白粉 1 茶匙、酒，拌匀后，锅中热油 3 大匙，放入鸡片炒至肉色变白后，捞起。
4. 锅中留少许油，放入黄瓜片炒数下，再倒入高汤煮滚，加入已炒好的鸡片拌炒一下，以调水的太白粉勾芡即可。

干烧鸭肉

材料

A 料：鸭肉500克、葱6根、姜10片、辣椒2根、蒜头12粒、红葱头3大匙

B 料：甜面酱3大匙、酱油2大匙、糖2大匙、酒1/2杯、水2杯

作法

1. 鸭肉洗净，切块状。
2. 蒜头去膜切片，葱切段，姜切片，辣椒去籽、斜片。
3. 鸭肉以3大匙麻油炒熟，再将作法2的全部材料放入翻炒。
4. B料调匀，倒入作法3中拌炒均匀，再改用小火炒到汤汁全收干，即可。

东安鸡

材料

A料：鸡1/2只、姜3片、太白粉水少许、干辣椒3支、葱2根、油2大匙

B料：酱油1大匙、花椒粉1/4茶匙、酒1大匙、盐1/2茶匙、香油1/4茶匙

作法

1. 鸡肉以沸水汆烫，去除腥味，再切块；干辣椒切段；葱切段。
2. 起油锅，爆香干辣椒、葱、姜。再下鸡块拌炒数下，加酱油、酒、盐、花椒粉炒熟。
3. 加太白粉水勾芡，淋上香油炒匀即可。

黑胡椒鸡块

材料

A料：鸡腿肉500克、洋葱1/2个

B料：米酒1大匙、玉米粉2大匙、酱油2大匙、胡椒粉1/2茶匙、麻油1大匙

C料：酱油2大匙、蚝油1大匙、番茄酱1大匙、糖1大匙、米酒2大匙、黑胡椒粉2大匙、麻油1大匙、水1/2杯

作法

1. 鸡腿肉去骨、切寸块，以B料腌30分钟。
2. 洋葱切块状，C料调匀，备用。
3. 平底锅入油5大匙，加热后将鸡块煎熟，取出排盘。
4. 余油炒软洋葱块，盛于鸡块上。
5. C料煮滚，淋于所有材料上，即可。

番茄炒蛋

材料

A 料：番茄 1 个、洋葱 1/4 个、鸡蛋 3 个

B 料：盐 1/2 茶匙、麻油少许、葱花少许

作法

1. 番茄切薄滚刀块。
2. 洋葱切丝。
3. 鸡蛋去壳打散，加盐拌匀。
4. 锅中热油3大匙，放入鸡蛋炒至八分熟，盛起，锅中留油约1大匙，放入洋葱丝小火炒至软，再加入番茄炒熟，最后放入和好的蛋拌匀，淋上数滴麻油，盛盘，洒上葱花即可。